Contraste insuffisant
NF Z 43-120-14

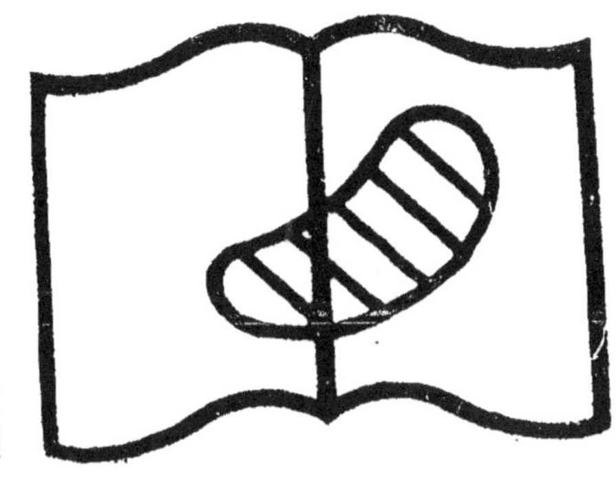

Illisibilité partielle

VALABLE POUR TOUT OU PARTIE DU
DOCUMENT REPRODUIT.

Couvertures supérieure et inférieure
en couleur

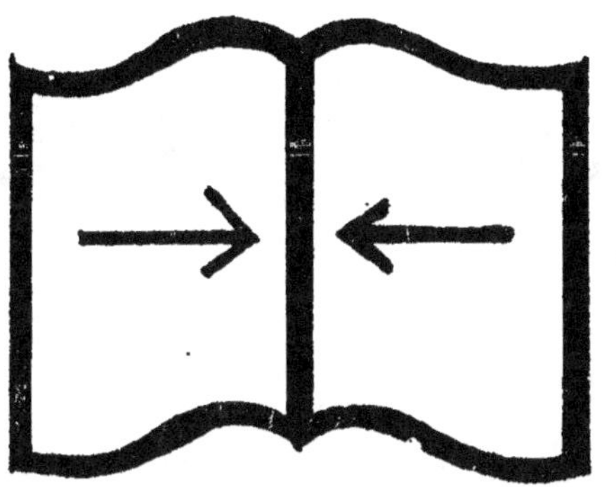

RELIURE SERREE
Absence de marges
intérieures

REVUE

ARCHÉOLOGIQUE

OU RECUEIL

DE DOCUMENTS ET DE MÉMOIRES

RELATIFS

A L'ÉTUDE DES MONUMENTS, A LA NUMISMATIQUE ET A LA PHILOLOGIE

DE L'ANTIQUITÉ ET DU MOYEN AGE

Publiés par les principaux Archéologues

FRANÇAIS ET ÉTRANGERS

et accompagnés

DE PLANCHES GRAVÉES D'APRÈS LES MONUMENTS ORIGINAUX

Tirage à part.

LE RECRUTEMENT

DE L'ÉTAT-MAJOR ET DES ÉQUIPAGES

DANS LES FLOTTES ROMAINES

AUX TEMPS DE LA RÉPUBLIQUE ET DE L'EMPIRE

Par M. FÉLIX ROBIOU

PARIS

AUX BUREAUX DE LA *REVUE ARCHÉOLOGIQUE*

LIBRAIRIE ACADÉMIQUE — DIDIER et Cⁱᵉ

QUAI DES AUGUSTINS, 35

ET CHEZ

FRANCK, LIBRAIRE,	AUG. DURAND, LIBRAIRE.
Rue Richelieu, 67.	Rue des Grès.

LE RECRUTEMENT

DE L'ÉTAT-MAJOR ET DES ÉQUIPAGES

DANS LES FLOTTES ROMAINES

AUX TEMPS DE LA RÉPUBLIQUE ET DE L'EMPIRE

Extrait de la REVUE ARCHÉOLOGIQUE

I. — Période républicaine

1. PRÉLIMINAIRES.

Une opinion généralement accréditée veut que les Romains n'aient eu de navires de guerre que vers le milieu du III° siècle de la République, au commencement des guerres puniques. Cette opinion est vraie dans un sens général, mais elle ne l'est pas à la lettre. Un fait bien connu et tout à fait élémentaire en archéologie, l'usage de représenter la proue d'un navire sur les revers de l'*œs grave*, est déjà une indication à cet égard ; et le traité conclu avec Carthage aussitôt après l'expulsion des rois (1) distingue les navires *romains* et alliés, auxquels il est défendu de naviguer au-delà du Beau Promontoire, situé au nord de Carthage, des navires de commerce, qui sont, au contraire, favorablement accueillis. Le présent voué par Camille fut, après la prise de Véies, porté à Delphes sur un *navire long* (2), et l'on croira difficilement qu'une offrande nationale ait été confiée à un navire étranger. Lorsque la ville d'Antium fut colonisée, après la bataille de Véséris, on lui enleva ses *navires longs*, qui furent *tous* conduits dans les arsenaux maritimes (*navalia*) de Rome, et là *en partie* brûlés (3), en partie conservés par conséquent. Bunsen (4) explique d'une façon aussi naturelle qu'ingénieuse la variante de ce récit fournie par Florus, variante d'après laquelle le

(1) Pol., III, 22-23.
(2) T.-L., V, 28. — (3) Id., VIII, 14.
(4) *Ann. dell' Instit. di corresp. archeol.*, 1838.

Romains n'auraient enlevé aux Antiates que *six* navires. Il suppose que six seulement furent *détruits* pour orner de leurs éperons la tribune aux harangues, désormais appelée Rostra ; ce chiffre paraît, en effet, s'accorder avec le dessin des Rostres sur une médaille de la famille Lollia (1), et l'éperon qui figure sur l'*œs grave* montre que, de très-bonne heure, les Romains en connurent et en pratiquèrent l'usage.

Sous le consulat de C. Julius Bubulcus ét de Q. Æmilius Barbula, un plébiscite créa des *duumviri navales*, chargés d'*armer* et de *réparer* la *flotte* (2). Peu après, P. Cornélius, à qui le sénat avait confié la garde de la côte, conduit une *flotte romaine* en Campanie et débarque vers Pompéi des *alliés maritimes* (3). C'est la première fois que les *socii navales* sont nommés dans l'histoire romaine; mais on ne peut douter que dès lors ce terme ne soit pris dans le sens de troupes de mer, fournies par des cités alliées à titre de contingent. Assurément aussi ce sont des navires de guerre qu'il faut reconnaître dans ces deux galères dont les équipages furent massacrés par le peuple de Tarente, pour infraction volontaire ou involontaire au traité qui leur interdisait de franchir le promontoire Lacinien (*duumviro qui præerat classi occiso*, dit l'*epitome* de Tite-Live). Et vers le même temps, lors de la guerre de Pyrrhus, douze *quæstores classici* furent créés, suivant Johannes Lydus (4), et attribués à une flotte aussi de création nouvelle.

II. LA PREMIÈRE GUERRE PUNIQUE.

Cependant il est incontestable que Rome chercha, pour la première fois, à se donner une grande puissance maritime quand elle eut à lutter contre les Carthaginois, et que, pour transporter en Sicile l'armée d'Appius Caudex, elle ne put employer d'abord que des radeaux et des barques, escortés par des navires longs empruntés à ses alliés ou sujets de la Grande Grèce (5). Mais, après la prise d'Agrigente, elle résolut d'improviser une flotte, et elle y parvint. Pourtant la vieille Rome n'eut jamais une population commerçante, dont les navires pussent fournir à ceux de l'État des marins exercés ; mais alors

(1) Cité par Bunsen.
(2) Classis ornandæ reficiendæque causa. T.-L., IX, 30. — (3) Ibid., 38.
(4) *De magistr.*, I, 27, cité par Creuzer. *Abrég. rom. antiq.*, § 138.
(5) Voy. Pol., I, 20; cf. 11.

on demandait surtout aux matelots de ramer pour amener les vaisseaux bord à bord avec ceux de l'ennemi et laisser faire ensuite les légions embarquées; pour ce service, des esclaves pouvaient suffire; des prolétaires soldés, des alliés quelconques, des sujets, car Rome commençait à en avoir, suffisaient amplement, avec quelques sous-officiers pour manier le gouvernail. Les chiourmes furent exercées *à terre*, c'est Polybe qui l'assure (1), et il le raconte sans la moindre nuance d'ironie. On les crut à peu près formées quand elles surent exécuter avec ensemble la manœuvre de la rame, et, leur première instruction se trouvant accomplie quand les galères furent achevées, on les exerça de nouveau *quelque peu* à la mer; puis on les lança vers le détroit; le tout avait duré deux mois (2).

Trois cents rameurs (en moyenne) montaient chacun des trois cent trente navires qui formaient les quatre escadres engagées dans la bataille d'Ecnome, outre un certain nombre de navires de charge; et l'on est frappé, dans l'histoire de la première guerre punique, de l'extrême facilité avec laquelle la République répare les pertes énormes, en personnel comme en matériel, qu'elle subit fréquemment par suite de l'inexpérience des équipages et des périls d'une navigation lointaine (3). C'est là une preuve manifeste du peu de soin qu'on mettait à les recruter : matelots de profession, les hommes chargés de conduire les navires de Rome eussent été probablement plus habiles à lutter contre la tempête et certainement plus difficiles à remplacer. Mais c'est surtout le récit du siége de Lilybée qui nous donne des renseignements précis sur la composition des équipages. Dix mille *matelots* furent levés pour suppléer aux pertes faites durant ce siége par les *équipages*, bien distincts, comme on le voit par la suite du récit, des soldats embarqués (ἐπιϐάται) (4). Les matelots paraissent donc avoir formé, au moins accidentellement, à cette époque, des compagnies de débarquement, ce qui suppose des hommes libres, car autrement l'historien en eût fait l'observation expresse. Mais nous voyons aussi, par le récit de la bataille de Drépane, que ces matelots devaient être bien peu experts dans la manœuvre (5), et l'on peut en conclure qu'ils n'avaient pas été recrutés spécialement dans les populations maritimes. Polybe signale expressément leur inexpérience, qui ne leur permettait ni d'éviter les basfonds dans les mouvements du combat, ni de traverser la ligne car-

(1) I, 21.
(2) Pol., ibid.; cf. Pline, *H. N.*, XVI, 74.
(3) Pol., I, 37-38, 39, 41, 52-54. — (4) Ibid., 49. — (5) Ibid., 49-51.

thaginoise, ni de détourner leurs navires pour éviter le choc des ennemis. Pourtant il y a lieu de croire que l'on finit par remédier à un inconvénient si grave, puisque le succès suivit l'entreprise hardie du consul Lutatius, qui livra par un gros temps la bataille navale des îles Egates, pour empêcher la flotte ennemie de se débarrasser d'un matériel encombrant et de prendre à bord les meilleurs soldats d'Amilcar (1). Cette action termina la guerre à bref délai ; elle est rappelée par des médailles de la famille Lutatia, où l'on voit, au revers, une galère avec une tête de femme casquée à la proue et un acrostolium à la poupe (2).

III. LA SECONDE ET LA TROISIÈME GUERRE PUNIQUE.

Après ces grands événements, on conserva la précaution d'apporter quelque choix dans le recrutement des équipages. Ils étaient fournis en grande partie par les *navales socii ;* et l'on peut leur assimiler, à cet égard, les colons romains de certaines villes ou circonscriptions de la côte (Ostie, Alsium, Antium, Anxur, Minturne, Sinuesse, et, sur la mer Adriatique, Sena Gallica). Ces villes se considéraient habituellement comme dispensées par le recrutement maritime de fournir des soldats aux légions; cependant leur réclamation à cet égard, malencontreusement présentée dans un temps difficile, fut déclarée nulle et de nul effet par le sénat, si ce n'est pour Antium et Ostie (3). Plus tard, d'autres réclamations élevées contre le recrutement maritime lui-même par les colonies d'Ostie, Frégènes, Castrum-Novum, Pyrgi, Antium, Terracine, Minturnes et Sinuesse (4) furent repoussées par le sénat, à qui les tribuns en remirent le jugement.

Mais les colons étaient toujours des citoyens romains. Il n'y a pas de preuve *directe* de l'existence des *socii navales* à l'époque de la première guerre punique; mais nous en trouvons dès le commencement de la seconde, et cette institution n'est pas présentée alors comme une innovation, mais comme un usage en vigueur. «Le préteur de Sicile, dit Tite-Live, ordonna aux *alliés maritimes* de porter sur les navires des vivres tout cuits pour dix jours, et de se tenir prêts à s'embarquer au premier signal (5). » Il s'agit, dans ce pas-

(1) Pol., 60.
(2) Cohen, *Méd. cons.*, XXV, 2-3; cf. 1 et la note.
(3) T.-L., XXVII, 38. — (4) Id., XXXVI, 3 (au temps de la guerre d'Antiochus).
(5) Id., XXI, 49.

sage, des alliés de Sicile ; mais il paraît, par le chapitre suivant, que dès lors il y en avait d'autres astreints au même service. En effet, le roi de Syracuse offrit des vivres et des vêtements pour les *soldats et* pour les *alliés maritimes* de l'armée consulaire ; ceux-ci, distingués des soldats (1), n'étaient donc pas des troupes de bord, mais des marins proprement dits. Un peu plus loin, Tite-Live distingue encore les *navales socii* des *classici milites* (2), ou soldats de marine, choisis probablement dans les légions ou dans les troupes alliées comme plus spécialement propres par leurs qualités physiques au service de bord, πρὸς τὴν ἐπιβατικὴν χρείαν, comme le dit Polybe (3) au sujet des troupes embarquées en Espagne par Cn. Scipion et choisies dans sa propre armée. Tels étaient peut-être les *Nautici* dont parle Tite-Live au sujet de la grande expédition de P. Scipion en Afrique, et qui furent, avant le départ, consignés à bord de la flotte (4).

Mais les marins dont il était question tout à l'heure ne peuvent guère avoir été que des *matelots*, c'est-à-dire des hommes destinés à la manœuvre du gouvernail et des voiles ; car les rameurs paraissent avoir été recrutés alors surtout parmi les esclaves. Tels furent ceux que, par un décret des consuls, chacun dut fournir en proportion de sa fortune et de son rang (5). La suite du texte mentionne les plaintes des maîtres à qui l'on avait récemment racheté des esclaves à prix modique pour en faire des soldats, et qui devaient maintenant en fournir gratis pour en faire des rameurs. D'autres étaient fournis par les *navales socii*, mais moyennant un prix de rachat (6). Après la prise de Carthagène, on embarqua comme *rameurs* des habitants de cette ville et des esclaves du même lieu (7) ; il y avait eu aussi, vers le même temps, des *matelots* proprement dits, fournis, armés et équipés par leurs maîtres (8), et ceux-ci reçoivent même dans Tite-Live le nom de *navales socii* : c'est que ce nom avait fini par se confondre, dans le langage ordinaire ou dans le langage technique, avec celui de *marins*. Mais ceux qui le portaient dans le sens réel du mot n'étaient point considérés comme placés en dehors du service militaire proprement dit : à l'assaut de Carthagène l'un d'eux mérita la couronne murale en même temps qu'un centurion (9).

La distinction entre le service des *navales socii* et celui des ra-

(1) Id., XXI, 50 ; cf. XXXV, 20. — (2) Id., XXI, 61 ; cf. XXII, 11, et XXVI, 51.
(3) Pol., III, 95 ; cf. T.-L., XXII, 19.
(4) T.-L., XXIX, 25. — (5) Id., XXVI, 35 ; cf. 36.
(6) T.-L., XXVI, 35 ; cf. 39. — (7) Id., 47. — (8) Id., XXIV, 11. — (9) Id., XXVI, 48.

meurs paraît aussi impliquée dans un passage, bien laconique pourtant, du même historien. Il nous apprend que, sur des plaintes portées contre les pirates istriens et liguriens, peu avant la guerre de Persée, vingt vaisseaux furent mis à la mer, montés par des *navales socii* et par des citoyens romains, anciens esclaves, c'est-à-dire rachetés par l'État pour le service et *affranchis* à ce titre ; les grades d'officiers étaient réservés aux ingénus ou citoyens d'origine libre (1). Il est à croire que les *socii* étaient chargés des manœuvres qui exigent l'expérience de la mer, et que l'on destinait aux matelots d'origine servile le simple maniement des rames. Appien d'ailleurs distingue plus nettement les matelots des rameurs, quand il dit que la flotte improvisée par les Carthaginois au fond de leur port bloqué par Scipion Emilien ne sut pas profiter de la première surprise de la flotte romaine, où *ni rameurs ni matelots* n'étaient à leur poste (2). On pourrait, il est vrai, objecter qu'Appien écrivait sous l'Empire et qu'il avait sous les yeux un état de choses différent de celui qui existait au temps de la République ; mais l'ensemble des textes et la distinction naturelle des deux sortes de service s'accordent pleinement avec le sens littéral de ce passage.

Quant aux officiers de la flotte, Tite-Live distingue expressément, et par deux fois dans le même chapitre (3), les *gubernatores* des *magistri*. Les premiers étaient certainement d'un grade inférieur aux seconds, puisque, dans le triomphe naval de Cn. Octavius (4), les *navales socii* ou matelots reçurent chacun soixante-quinze deniers, les *gubernatores* le double, et les *magistri* le quadruple. Un gubernator était sans doute ce que nous appelons un timonier ; on voit aussi, dans le même auteur, que ces *officiers mariniers* étaient chargés de l'approvisionnement du navire (5). Le *magister* était, je pense, le timonier en chef, car les capitaines de navires sont appelés par Tite-Live *præfecti navium* (6), comme il emploie le terme de *præfectus classis* pour signifier un amiral (7). Mais habituellement les flottes ou les escadres étaient, au temps des guerres puniques, confiées à des magistrats soit en exercice, soit prorogés dans leur commandement, ou bien encore à des lieutenants désignés par eux. Le plus souvent ces amiraux sont des préteurs (8) ou des propré

<hr>

(1) T.-L., XL, 18.

(2) B. pun., 122.

(3) T.-L., XXIX, 35. — (4) Id., XLV, 42. — (5) Id., XXIX, 25. — (6) Id., XXI, 51 ; XXVI, 48. — (7) Id., XXIX, 25 ; XXXVI, 20, 42. — (8) Id., XXI, 50 ; XXXV, 20, cf. 23 ; XLII, 48, cf. 35 ; XLIV, 1, 17.

teurs (1), quelquefois portant des consuls (2) ou un proconsul (3), quelquefois encore un *legatus* (4) ; mais on trouve aussi des exemples de commandants de forces maritimes désignés directement par le sénat (5). Peu avant la guerre de Persée, des duumvirs créés *ad hoc* par les consuls, sur l'ordre du sénat, furent chargés de réprimer, chacun avec deux navires, les pirates dont nous parlions tout à l'heure, et la côte à protéger fut partagée en deux départements maritimes (6). Quand il s'agit d'un magistrat en exercice, Tite-Live emploie volontiers l'expression : *cui classis provincia erat* (7).

IV. ÉPOQUE DE SYLLA ET DE POMPÉE.

Il paraît que la ruine de Carthage, coïncidant avec la soumission de l'Espagne orientale, avec la conquête de la Grèce et avec le profond abaissement des royaumes d'Égypte et de Syrie, persuada aux Romains qu'il était inutile d'entretenir une flotte ; car la génération qui suivit Scipion Emilien s'en trouva dépourvue. Déjà, quand il s'agit de recommencer la guerre sur le continent africain, c'est-à-dire contre Jugurtha, Salluste nous apprend (8) que les légions furent conduites par terre jusqu'à Rhegium et de là transportées en Sicile, où elles s'embarquèrent enfin pour gagner la Numidie, ne faisant ainsi par mer que le moins de chemin possible, apparemment sur des navires marchands appartenant aux villes siciliennes. Puis, quand vient la grande guerre d'Orient, celle de Mithridate, Appien mentionne, il est vrai, l'existence d'une escadre romaine stationnée à Byzance pour garder l'entrée du Pont-Euxin (9), mais elle devait être bien faible, puisqu'elle n'essaya même pas de s'opposer à l'invasion de la Grèce. Et quand Sylla vint reprendre l'offensive, il dut quêter une flotte dans tout l'Orient. Lucullus, chargé par lui de cette mission, se vit enlever par les pirates, sur la côte d'Égypte, la plupart des navires qui l'accompagnaient ; au retour, Ptolémée le fit escorter jusqu'en Chypre, mais sans vouloir mettre à sa disposition la flotte alexandrine. Il fallut même que Lucullus se réduisît à

(1) Id., XXII, 37, cf. XXIII, 41 ; XXIV, 20, cf. 40 ; XXXI, 3.
(2) Par exemple, dans la campagne de Régulus.
(3) T.-L., XXVIII, 4. — (4) Id., XXI, 50-51 ; XXIV, 39 ; XXXI, 3. — (5) Id. XXXII, 16, cf. XXXI, 3 et 44 ; XXXV, 23.
(6) T.-L. XL, 18. — (7) Id., XXX, 43 ; XXXII, 20 ; XLII, 48 ; XLIV, 1.
(8) Sall. *Jug.*, 28.
(9) App., B. M., 17 ; cf. 29.

ne naviguer de jour qu'avec ses basses voiles, pour n'être pas aperçu
de trop loin et se soustraire à la poursuite des pirates. S'il parvint à
réunir une flotte qui lui valut quelques succès, ce ne fut que grâce
aux contingents des Cypriotes, des Phéniciens, des Rhodiens et de
la Pamphylie (1). Et quand Mithridate livra, pour obtenir la paix,
ses soixante-dix navires pontés et armés d'éperons, Sylla, s'il en
faut croire Granus, en fit immédiatement cession aux alliés (2).
Pourtant, quand il voulut en finir avec les pirates, le peuple mit cinq
cents navires à la disposition de Pompée (3). Assurément les équipages n'en furent pas recrutés parmi des citoyens déjà exercés à la
manœuvre ; mais les esclaves surabondaient alors et l'on en trouva
aisément pour le service des rames, et la marine marchande des
villes italiennes dut fournir de nombreux matelots : l'ennemi tenant
la mer, on ne pouvait guère en demander en Grèce ni en Asie.

Au temps de la guerre civile entre César et Pompée, la République
possédait une flotte, qui suivit le parti sénatorial ; mais elle semble avoir
été peu considérable, et les ressources maritimes de ce parti (4)
furent complétées par les alliés d'Orient, par les cités et les provinces de Grèce, de Macédoine et d'Asie. César en effet donne la
qualification d'*asiatiques* (5) aux dix-huit navires stationnés à
Oricum, sous les ordres de Vespillo et de Rufus, délégués à cet
effet par D. Lælius, tandis que Bibulus était à Corcyre avec une
escadre de cent dix voiles ; et Appien, de son côté, dit que les navires *italiens* de César étaient plus grands que les trirèmes en-
nemies (6). Il résulte de tout cela que Rome n'avait pas à recruter
habituellement de nombreux matelots.

Jusqu'alors les grades les plus élevés, dans les armées de mer
comme dans celles de terre, appartenaient constamment à des Romains, le plus souvent de haute naissance. La seule exception, au
temps de César, est celle de Vespillo, et encore rien ne donne à
penser qu'il ne fût pas romain ; il n'était d'ailleurs, dans la flotte de
Pompée, ni au premier ni au second rang. Mais après la mort de
César il n'en sera plus ainsi : la nature de la guerre va se transfor-
mer de plus en plus et imposer aux chefs des deux partis des règles

(1) Plut., *Lucull.*, 2-3 ; cf. App., B. M., 33, 51, 56, 78.
(2) Plut., *Lucull.*, 22-24 ; App., B. M., 58. *Granus Licinianus*, fr. du L. XXXV
dans Mommsen).
(3) Plut., *Pomp.*, 25-26 ; cf. App., B. M., 94.
(4) Plut., *Pomp.*, 64. Il parle de cinq cents navires de guerre, sans compter les
avisos et liburnes.
(5) Cæs., B. C., III, 7. — (6) App., B. C., II, 56.

nouvelles, qui se trouveront en accord avec la transformation, gra-
duelle sans doute, mais large et durable, de l'*orbis romanus*.

V. SEXTUS POMPÉE.

Dans la guerre entre les triumvirs et les conjurés, la puissance
maritime se trouva, dès les premiers jours, au pouvoir du parti ré-
publicain, Sextus Pompée ayant reçu du sénat, sur l'avis d'Antoine
lui-même, le commandement en chef des flottes romaines (1); mais
il les conserva dans les parages de la Sicile, et les forces navales qui
furent mises en action de part et d'autre dans la campagne de Philippes furent obtenues de Rhodes, de la Lycie, de la Pamphylie, de
la Cilicie et des cités phéniciennes par Dolabella et par Cassius (2).

Si la flotte de Sextus Pompée se montra sans retard apte au service de guerre (3), c'est qu'elle était renforcée de matelots espa-
gnols et africains, tandis que les vaisseaux des triumvirs (αἱ τῶν
Ῥωμαίων, comme les appelle Appien) étaient montés par des matelots
inhabiles à neutraliser les effets produits par le courant du détroit
de Messine, inhabiles même à manier les rames comme à gouver-
ner, ou plutôt leurs navires obéissaient peu au gouvernail (4).
C'était donc une marine improvisée de toutes pièces, mais dont les
graves défauts constatent l'impuissance à opérer un recrutement maritime sérieux dans les villes italiennes. Les noms des chefs sont encore romains, mais celui de Murcus, collègue de Domitius Aheno-
barbus dans la bataille navale que le parti césarien perdit le jour
même de la bataille de Philippes (5), était jusque-là bien peu histo-
rique.

Ce fut bien autre chose quand, après cette campagne, la guerre
civile devint presque exclusivement maritime. L'histoire des siècles
antérieurs nous avait montré la République s'obstinant en quelque
sorte à ne point former parmi les citoyens une population de marins,
à ne point créer pour les hommes d'intelligence et de courage une
carrière spéciale qui fût celle de la marine, à ne point leur laisser le
temps d'y acquérir une longue expérience. On devenait subitement
amiral, par occasion, par suite d'incidents purement politiques, et

(1) App., B. C., III, 4. Cf. D. C., XLVIII, 1..
(2) App., IV, 61. Cf. 85 et V, 2, et D. C., *ubi supra.* — (3) App., IV. 85.
(4) Ce qu'Appien désigne par l'expression impropre : οὐδὲ τὰ πηδάλια ἔχοντες
εὐπειθῆ.
(5) App., B. C., IV, 115-116.

sans aucune vue d'avenir, si ce n'est de parvenir au consulat, ou, pour celui qui en était revêtu, d'en obtenir un second, après le gouvernement d'une province et un séjour prolongé dans Rome. On ne voit pas, d'ailleurs, que *jamais* un capitaine de galère soit arrivé par ses services maritimes à se faire un nom dans l'histoire ou une position dans l'État; que jamais aucun d'eux ait obtenu le commandement d'une flotte (1). Dans la série d'événements qui va maintenant se produire, les choses se passeront autrement.

Lorsque les deux grands complices de l'attentat triumviral se brouillèrent pour la possession du butin, Antoine sut rallier à sa flotte, construite en Orient, dit Appien (2), celle de Domitius Ahénobarbus, qui apparemment regardait Octave comme le plus dangereux ennemi des traditions sénatoriales. Un type, qui se trouve sur des monnaies d'or et d'argent (3), représente la tête d'Antoine triumvir avec la proue d'une galère à éperon surmontée d'un astre, et ces mots : CN. DOMITIVS AHENOBARBVS IMP(erator). C'est là encore un personnage d'une vieille famille romaine ; mais, dans le même temps, Sextus Pompée, qui avait profité d'avances à lui faites par Antoine pour occuper la Sardaigne (4), inaugurait un système nouveau. C'est un de ses *affranchis*, un Grec ou plutôt un *Asiatique*, appelé Ménodore par Appien, Ménas par Dion Cassius et par Plutarque (5), qui fut chargé de prendre possession de cette île avec une flotte et un corps d'armée. Il reçut même la soumission de deux légions octaviennes.

L'exemple est bientôt suivi. Ménodore est expulsé de la Sardaigne après le traité de Brindes, par M. Lurius et par le *grec* Hélénus, *affranchi* d'Octave, à la tête des troupes césariennes; il la recouvra ensuite, quand il fut admis à participer au traité. Ménodore la livra par trahison ainsi que la Corse, et il reçut d'Octave, avec la condition d'*ingenuus*, le commandement en second de la flotte aux ordres de Calvisius : c'était celle de la mer Tyrrhénienne ; une autre se formait à Brindes sous le commandement de Cornificius (6).

La conduite de Ménodore ne détermina point Pompée à exclure du commandement maritime les étrangers affranchis. Ménécrate remplaça le traître et lui livra la bataille d'Enaria, où la supériorité de

(1) V. *supra*, § III, s. f. — (2) App., B. C., V, 55.

(3) Cohen, *Méd. consul.*, pl. XVI, fam. Domitia, 6. Cf. 4, 5, et *Méd. impér.*, I, pl. 11. — (4) App., B. C., V, 56.

(5) D. C., XLVIII, 30, 38 ; Plut., *Ant.*, 32. Ménas est l'abrégé de Ménodore, Présent du dieu (phrygien) *Men*, Lunus.

(6) D. C., XLVIII, 36, 45-46 ; App., B. C., V, 78, 80.

ses navires et surtout de ses marins sur ceux d'Octave fut de nouveau constatée (1). Ménécrate lui-même y périt, et ce malheur fit reculer sa flotte; mais Démocharès, son lieutenant, comme lui affranchi de Sextus, remporta sur une partie de la flotte de Calvisius un succès éclatant (2). Pompée, resté à Messine pendant le combat, donna le commandement supérieur de la flotte à Démocharès et à Apollophane, encore un de ses affranchis (3). C'est aussi un affranchi, Papias, un Phrygien à en juger par son nom, qui, peu de temps après, fut opposé par Pompée à Lépidus (4). Cette succession de faits a une importance réelle : une première atteinte est portée aux préjugés de race. Un Asiatique, un affranchi commandant une flotte romaine, c'est un mulâtre commodore aux États-Unis.

Après les désastres que la tempête fit éprouver aux deux flottes, on voit Octave recourir d'une part à la générosité de ses amis et au concours des villes municipales (5), de l'autre à un *impôt* extraordinaire d'*esclaves rameurs* mis sur les sénateurs, les chevaliers et les citoyens opulents (6). Il obtint aussi d'Antoine plus de cent navires (7). La construction de la nouvelle flotte et les exercices imposés aux rameurs avant qu'on pût les conduire à l'ennemi occupèrent le reste de l'année et toute l'année suivante (8) : on voit que nous n'en sommes plus à la marine rudimentaire de la première guerre punique. En face des matelots expérimentés de Pompée, parmi lesquels on pense qu'il se trouvait beaucoup des anciens pirates épargnés par son père, le gouvernement romain comprenait qu'il fallait plus d'expérience des manœuvres. C'est alors que fut créé par Agrippa le *bassin à flot* du lac Lucrin (9). Ce fut cette marine qui termina le débat par une grande victoire, précédée d'avantages alternatifs (10).

Une médaille d'argent de la famille Pompéia avait célébré la puissance maritime de Sextus. Elle représente une tête de Neptune avec un trident et ces mots : MAGnus PIVS IMPerator ITERum. Au re-

---

(1) D. C., XLVIII, 46.

(2) App., V, 81-4. — (3) Id , ibid. Cf. 105; D. C , XLVIII, 47.

(4) App., V, 104, 106. — (5) App., V, 89-90, 92.

(6) D. C., XLVIII, 49.

(7) App., V, 93, 95, 98. Cf. Plut., *Vie d'Antoine*, 35.

(8) D. C., XLVIII, 49; XLIX, 1.

(9) D. C., XLVIII, 50.

>   ... Sive receptus
> Terra Neptunus classes aquilonibus arcet
> Regis opus.   (*Hor. Ep. ad Pis.*, 63-65.)

(10) App., V, 10~-111, 116, 118-121.

vers on lit : PRAEFectus CLASsis ET ORAE MARITimae EX Senatus
Consulto, avec un trophée naval (1). La même inscription se lit au
revers d'une autre monnaie d'argent, où est gravé le monstre Scylla,
tenant un gouvernail avec lequel il va porter un coup. Au droit est
le phare de Messine surmonté d'une statue de Neptune et reposant
sur une galère *à triple éperon* (2). « Ces médailles, dit Cohen, ont
rapport à la mémorable défaite d'Octave en 716, lorsque sa flotte fut
détruite par une tempête; c'est à cette époque que Sexte-Pompée reçut le titre d'*imperator* pour la *seconde fois*. Celui de préfet maritime lui avait été accordé par le sénat. » Nous en avons ici la cons-
tatation officielle. La formule totale constate encore l'union ou la
confusion des commandements de terre et de mer; il est probable
d'ailleurs qu'elle contient une allusion calculée aux pouvoirs que le
grand Pompée avait reçus dans la guerre contre les pirates. Le rôle
de Scylla se rapporte sans nul doute aux effets de l'ouragan; Neptune, avec son insigne ordinaire, peu distinct il est vrai, s'y montre
pour rappeler qu'il a fait sentir les effets de son courroux (*sævum-
que tridentem*) aux ennemis de sa famille (3). Une autre médaille (4)
porte, au revers d'une tête de Neptune et d'un trident, un vaisseau
à voiles déployées; peut-être y aurait-il lieu de supposer ici un té-
moignage en faveur des qualités nautiques des équipages pompéiens.
On trouve enfin de semblables souvenirs dans les médailles de la
famille Nasidia. L'une d'elles, appartenant à un Q. Nasidius (5),
porte au revers de la tête et du trident de Neptune une galère à la
voile et à la rame, portant *deux éperons* à l'avant et deux gou-
vernails aux flancs de l'arrière. Un autre revers de la même face a
quatre galères à la rame (6), chacune avec double éperon : rien n'est
à négliger dans les rares détails que nous possédons sur le matériel
de la marine ancienne.

VI. GUERRE D'ACTIUM.

Ce fut encore une guerre maritime qui décida de l'empire entre
Octave et Antoine, sous les yeux de Lépidus annulé et dépouillé de

(1) Cohen, *Méd. cons.*, pl. XXXIII; *Pompeia*, 5.
(2) Ibid., 6. Le numéro suivant n'en diffère que par une légère variante dans l'inscription du revers.
(3) Cf. D. C., XLVIII, 31, 48.
(4) Cohen, *ubi supra*, XXXIV, 11. — (5) Ibid., XXXIX, *Nasidiu*, 1.
(6) Ibid., 2. Cf. *Méd. impér.*, I, 1. Peut-être l'absence de la voile tient-elle ici
aux difficultés de la gravure.

sa part dans le butin. Antoine, comme fasciné par l'orgueil insensé des anciens maîtres de l'Orient, depuis qu'il était devenu l'époux d'une reine d'Égypte, avait cru s'assurer du succès en réunissant une flotte de huit cents navires, dont au moins cinq cents étaient des vaisseaux de guerre proprement dits. Cléopâtre en avait fourni seulement le quart (1); mais l'ensemble de cet armement ne peut être considéré comme romain. La plupart des navires étaient envoyés par les provinces, les cités et les royaumes alliés d'Orient; ils étaient d'ailleurs montés par des équipages plus qu'insuffisants en nombre et surtout en qualité, puisque, pour les remplir tant bien que mal, on avait enlevé en Grèce les moissonneurs et les premiers venus que l'on ramassait sur les routes, sans même s'inquiéter s'ils avaient l'âge de supporter les fatigues de la navigation (2). Les Égyptiens, qui n'osaient recourir aux mêmes moyens, brûlèrent, faute d'un nombre suffisant de matelots, les trois quarts de leur escadre; c'est du moins la seule interprétation raisonnable qu'on puisse donner à un passage de Plutarque visiblement maltraité par les copistes (3). Quant aux deux mille archers et aux vingt mille hoplites qu'Antoine avait mis à bord, il faut se souvenir que la Libye, la Cilicie, la Cappadoce, la Paphlagonie, la Commagène, la Thrace, le Pont Polémoniaque, l'Arabie, la Judée et le nouveau royaume de Galatie et Lycaonie, la Haute Asie même, avaient fourni leur contingent à son armée. Ce n'était donc à aucun titre une flotte romaine.

Mais il n'en était pas de même de celle d'Octave : les détails donnés par l'histoire sur la crise suprême et sur l'administration ultérieure de l'empire donnent tout lieu de penser qu'éclairé par les péripéties de la guerre de Sicile, il avait résolument voulu se donner et donner à Rome une véritable marine, et qu'il y avait réussi. Il n'en avait pas seulement confié la direction au vainqueur de Myles et de Messine, à son plus grand homme de guerre, Agrippa (4); mais il s'était assuré d'un nombre suffisant d'hommes de mer. Ils surent habilement et constamment profiter à la fois de l'avantage du vent et de la supériorité que leur donnaient la légèreté de leurs navires et la docilité de ceux-ci au gouvernail, tandis que, sans l'ordre exprès d'Antoine, les pilotes de la flotte orientale eussent laissé leurs voiles à terre pendant le com-

---

1) Plut., *Vie d'Antoine*, 56. — (2) Ibid., 61-62; cf. 64, et D. C., L, 11.

(3) Τὰς μὲν ἄλλας ἐνέπρησε ναῦς πλὴν ἑξήκοντα τῶν Αἰγυπτίων '64); cf. 66 : Αἱ Κλεοπάτρας ἑξήκοντα νῆες ὤφθησαν αἰρόμεναι πρὸς ἀπόπλουν τὰ ἱστία καὶ διὰ μέσου φεύγουσαι τῶν μαχομένων; et 68 (*sub init.*), où il est parlé de *trois cents* navires capturés. — (4) Ibid., 65, 66, etc.

bat. La facilité supérieure de leurs manœuvres permit aux césariens, quoique beaucoup moins nombreux, de réunir trois ou quatre navires pour attaquer un seul vaisseau ennemi. Agrippa, étendant ses ailes comme pour envelopper celle des antoniens, obligea Publicola, qui commandait leur droite, à se détacher du centre, et leur ligne se trouva rompue. Cléopâtre s'enfuit effrayée. Antoine éperdu la suivit, et le sort du monde fut décidé.

Désormais les guerres maritimes ont cessé pour des siècles ; la flotte devient une branche de l'administration, mais elle n'est point négligée. Le service maritime va se trouver transformé d'une façon régulière et durable. L'histoire en parlera peu, parce qu'il est rare que des incidents maritimes se trouvent mêlés, durant la période du haut empire, aux événements qui la préoccupent ; mais l'épigraphie et surtout l'épigraphie funéraire va nous fournir à cet égard des centaines de monuments. La marine est devenue une carrière distincte et permanente ; les personnages qui appartiennent à ce service lui appartiennent pour de longues années et y peuvent gagner la vétérance. Les inscriptions qui les concernent nous permettront donc, comme pour l'administration civile ou l'armée, d'établir, avec le classement des fonctions, les conditions du recrutement.

II. — Période impériale.

I. — COMMANDEMENT DES FLOTTES.

La première question qui se présente au sujet des flottes impériales est de savoir si les empereurs adoptèrent le système ancien, consistant à en donner le commandement à de grands personnages de Rome, à de hauts titulaires de l'armée, ou le système nouveau, graduellement développé pendant la guerre civile (sauf l'éclatante personnalité d'Agrippa), et qui confiait l'autorité maritime à des hommes spéciaux, sans distinction de Romains ou de provinciaux, d'ingénus ou d'affranchis. L'histoire ne fournit à cet égard aucun texte qui permette de tirer une conclusion générale et uniforme ; c'est un travail d'induction que nous avons à faire ; il faut donc opérer, et, s'il est possible, par ordre chronologique, un relevé des préfets que nous font connaître les textes de toute nature.

Il semble que sous Auguste la marine impériale ait eu un commandant unique ; du moins, dans le très-petit nombre d'inscriptions, concernant des préfets de la flotte, qui appartiennent à cette époque, le mot *classis* n'est accompagné d'aucune épithète. Des trois titulaires ainsi connus, le premier (1) porte un *cognomen* grec, et le troisième (2) est dit expressément affranchi d'Auguste; tandis que le second (3) appartient à une tribu romaine et a exercé divers commandements dans l'armée ; il avait survécu à Auguste et n'a commandé la flotte que sous Tibère. Quant au pisciculteur Optatus Elipertius, dont le nom ne paraît point appartenir aux vieilles familles romaines, il était, nous dit Pline (IX, 29), *Tiberio Claudio principe... præfectus classis*, apparemment de celle de Misène, puisque le théâtre de ses expériences fut la côte italienne, d'Ostie à la Campanie. Donc, pendant la période où le commandement de la flotte semble avoir été unique, la qualité de vieux Romain et un rang élevé dans l'armée ne furent ni un titre d'exclusion, ni une qualité exigée pour le haut commandement maritime.

Sous Claude, Ti. Iulius Optatus, affranchi d'Auguste, figure encore dans un diplôme d'*honesta missio* délivré à des hommes de la flotte de Misène (4), sans qu'on puisse dire s'il avait encore autorité sur la flotte de Ravenne; ce texte constate une fois de plus que les nouveaux citoyens étaient aptes aux plus hautes fonctions du service de

(1)
```
          A · CASTRICIVS · MYRIO
      TALENTI F · TR · MIL · PRAEF · EQ ·
      ET · CLASSIS · MAG · COLLEG ·
      LVPERCOR · ET CAPITOLINOR
      ET · MERCVRIAL · ET · PAGA
      NOR · AVENTIN · XXVI VIR, etc.
```

Le mot Mag(ister) ne peut s'appliquer qu'aux colléges sacerdotaux; et la conjonction ET de la ligne 3 constate que Castricius Myrio conservait, avec le commandement de la flotte, le commandement (honorifique) d'un corps de cavalerie.

Garrucci, *Classis prætoriæ Misenensis Monumenta* (11).

(2)
```
      TI · IVLIO AVG · L(iberto)
      OPTATO PONTIANO
      PROCVRATORI · ET
      PRAEF · CLASSIS
      TI · IVLIVS · TI · F · FAB(ia tribu)
      OPTATVS Π̄ VIR                    Ibid., 13.
```

(3)
```
      SEX · AVLIENO · SEX · F(ilio)
              ANI(ensi tribu)
      PRIMO PILO Π̄ TRIB · MIL
      PRAEF · LEVIS ARMAT(urae)
      PRAEF · CASTR · IMPER · CAESAR
      AVG · ET TI · CAESARIS AVGVSTI
      PRAEF · CLASSIS · PRAEF · FABR(um) II VIR(o)
      VENAFRI ET FORO IVLI              Ibid., 12.
```

(4) Ibid.; 5. Vernazza, *Diploma di Adriano*, Append. 1 (*Mem. dell' Acad. di Torino*, XXIII); Mommsen, *Inscr. regni Neapol. latinæ*, 3850.

mer. Au contraire, Ti. Iulius Pætinus Bassianus, l'un des plus anciens, sinon le plus ancien, commandant spécial de la flotte de Misène, appartenait à une tribu romaine ; mais ce titre maritime est placé *entre* la fonction de procurateur d'Auguste au vingtième des héritages et celle de tribun de la Ire légion Italica (1) ; l'autorité sur la flotte de Misène paraît donc alors supérieure en dignité à un tribunat légionnaire ; de même Aulienus avait obtenu ce grade et même des grades supérieurs avant d'être *préfet de la flotte ;* mais il avait probablement réuni sous ses ordres celles des deux mers. Notons d'ailleurs que, comme le fait observer Garrucci, la première Italica avait été formée de soldats de marine.

Les seuls chefs de la flotte de Misène que nomme Tacite sont l'*affranchi* Anicetus, sous Néron (2), et l'*affranchi* Osius, sous Othon (3). Sous Vitellius, il est vrai, Lucilius Bassus, qui venait de commander une aile de cavalerie et n'aspirait à rien moins qu'à la préfecture du prétoire, fut chargé simultanément des deux flottes de Misène et de Ravenne ; mais l'étendue de son autorité maritime ne lui dissimula pas l'infériorité dont le préjugé romain attachait l'idée à celle d'un poste souvent confié à des affranchis ; il considéra ce dédommagement comme un affront digne d'une éclatante vengeance (4). Du reste, on ne peut guère dire que la marine de l'Etat offrît alors, à proprement parler, le moyen de suivre une carrière militaire : l'écrasante supériorité des flottes de Misène et de Ravenne sur les escadres lointaines annulait celles-ci, au cas où elles auraient adopté un parti contraire dans une guerre civile, et quant à des ennemis extérieurs, Rome n'en pouvait trouver alors dans la Méditerranée.

Au siècle suivant, sous le principat d'Hadrien, Julius Fronto et Calpurnius Seneca commandèrent la flotte de Misène, et nous savons, par deux des inscriptions qui le concernent, que ce dernier avait auparavant commandé la flotte de Ravenne (5). Ne connaissant

---

(1) Garrucci, 14 ; Orelli, *Inscr. latin. select. amplissima collectio,* 3613 ; Gori, *Inscr. ant. græc. et rom. quæ exstant Etruriæ urtibus,* t. III, p. 85.

(2) *Ann.,* XIV, 3.

(3) *Hist.,* I, 87.

(4) Tac., *Hist.,* II, 100. Cf. *Diplôme de Vespasien,* dans Vernazza, *ubi supra,* Append. V ; Spreti, *Hist. Ravenn. Inscr. cl.* II, 7 ; Cardinali, *Diplom. milit.,* V.

(5)   IVNONI REGINAE M·CALPVRNIVS
          M·F·GALeria tribu SENECA FABIVS TVRPIO
          SENTIANVS PRIMVS PILVS
          LEGIONIS PRIMAE ADIVTRICIS
          PROCVRATOR PROVINCIAE LVSITANIAE
          ET VETTONIAE PRAEFECTVS CLASSIS

Fronto que par un diplôme, on ne peut rien dire de ses antécédents
non plus que de son origine ; mais nous avons ici un double *cursus
honorum* de Calpurnius Seneca Fabius Turpio. On y reconnaît aisément que de hautes charges militaires n'étaient pas exigées comme
préparation au commandement d'une grande flotte, et qu'il n'était
d'ailleurs nullement considéré comme le couronnement d'une carrière maritime : alors pas plus que sous la république, nul *cursus
honorum* ne nous montre un officier de marine devenant chef d'une
flotte prétorienne. Valerius Prætus, qui eut celle de Misène sous
Antonin, n'est nommé que dans un diplôme (1), et l'Aemilius Poti-
nus, de la tribu Stellatina, citoyen par conséquent, qui eut celle de
Ravenne (2), est connu seulement par une courte dédicace à Minerve.
Aquilius Felix et Veratius Italus, au contraire, ont des inscriptions
(sans dates) où l'on trouvera des grades élevés, mais toujours
dans l'armée de terre, et avec des fonctions civiles dans l'intervalle,
comme préparation à ce commandement. Les voici :

M · AQVILIO M · F ·
FABIA tribu FELICI

>PRAETORIAE RAVENNATIS EX
>ARGENTEI (*sic*) LIBRIS CENTVM Dono Dedit
>SVCCONIA C · FILIA RVSTICA VXOR
>EPVLO DATO VTRIVSQVE SEXVS
>DEDICAT

(Spreti, II, 32 ; Garrucci, 15 ; Muratori, *Thesaurus novus inscriptionum veterum*, XV, 7 ;
Vernazza, [p. 106). Calpurnius n'était pas encore commandant de la flotte de Misène.

>M · CALPVRNIO M · F · GAL ·
>SENECAE FABIO TVRPIONI
>SENTIANO
>PRAEF · CLASSIS PRætoriæ MISENensis
>PHAEF · CLASSIS PRAEToriæ RAVENnatis
>PROCuratori PROVINCIAE LVSITANiæ
>ET VETTONIAE P · P · LEG · I ·
>ADIVTRICIS · ORDO DeCuRionuM
>M CALPVRNIVS SENECA
>HONORE VSVS IMPENSAM
>REMISIT ·

(Spreti, II, 12 ; Gruter, CCCLXXXIII, 7 ; Vernazza, ibid.) Ici l'ordre est inverse,
et le commandement de la flotte de Misène est en tête de l'inscription.

Les deux autres textes (Garrucci, 6 et 7) sont des diplômes de vétérance donnés
dans la flotte de Ravenne ; le n° 7 est l'objet spécial du mémoire de Vernazza ;
tous deux sont datés du principat d'Hadrien ; le premier mentionne le commandement de Julius Fronto et l'autre celui de Calpurnius Seneca.

(1) Garrucci, 8 ; renvoi à Cardinali, *Dipl.*, XIX.

(2) Gruter, LXXX, 9 ; Spreti, II, 21. Le mot *prætoriæ* ne s'y trouve pas.

> ACENSVS (*sic*) EQVIT · ROMAN
> PRAEF · CL · PRætoriæ RAVENNATIS
> PROCuratori PATRIMoni · BIS PROC. HEREDitatium
> PATRIM · PRIVAT · PROC · OPERum PVBlicorum
> PRAEPOSITO VEXILLATIoni P · P · LEG · XI CLaudiæ
> 7 FR (*sic*) PATRono COLoniæ OB MERita EIVS
> ANTIATES PVBLice (1)
> C · VERATIO C · F · VELina tribu
> ITALO AQVILEIENSI
> IIIIII (2) QVINQuennali PONT ·
> EQVITum PRAEF CLAS
> PRAEF COH · I DELMATAR · (*sic*).
> CVRatori VIAR · PRAEF. ALIMENT ·
> LEGato PROV · AFRICAE.
> CVR · ILLYRici ET HISTRIAE (*sic*)
>   Etc. (3).

Un fait de même nature doit encore être signalé à la fin du second siècle ou au commencement du troisième, quand Cn. Martius Rusticus Rufinus obtient le commandement des *flottes prétoriennes* (encore une fois réunies, sans doute), après avoir été successivement tribun laticlave des légions III° Gallique et III° Cyrénaïque, puis tribun de la sixième et de la première cohorte prétorienne, pour devenir ensuite préfet de tous les vigiles sous le principat de Septime Sévère (4).

C'est peut-être à la même époque qu'un ex-proconsul, consul désigné, commanda une flotte qui doit être celle de Ravenne, car l'inscription est datée de Mitylène (5), et nous savons par Végèce (6) que la mer Égée était sous la garde de celle-ci. Dans l'un comme dans l'autre de ces textes, la mention de la tribu est omise ; la tradition quiritaire se perd ; il est vrai que le style de la seconde inscription est fort laconique. Le titre de *Vir Perfectissimus*, l'un des moindres parmi les plus élevés de la hiérarchie impériale, est donné

(1) Muratori, MC, 6; Spreti, II, 29; Kellermann, *Vigil. roman. latercula duo*, Append., n° 282.
(2) C'est-à-dire *Seviro*.
(3) Orelli, 4082.
(4) Garrucci, 16; Kellermann, Append., n° 13.
(5) Gruter, CDLXXIV; Orelli, 4111.
(6) Liv. V, chap. 1.

sous Gordien au préfet de la flotte de Misène (1); la même désignation se retrouve sous Dioclétien (2).

Enfin, c'est encore à des fonctions civiles que T. Appalius Alfinus Secundus prélude par celle de sous-préfet de la flotte de Ravenne; auparavant il avait été successivement préfet d'une cohorte auxiliaire de Gaulois, tribun d'une autre de Bretons et préfet d'une aile de cavaliers thraces. Il n'y a point de date; mais le nom de la tribu est encore mentionné (3). Appalius était donc romain, mais avant d'acquérir son grade maritime il n'avait pas commandé dans les légions.

On arrive à des résultats à peu près semblables en faisant les mêmes recherches au sujet des flottes secondaires, avec cette réserve toutefois que nulle part, dans le nombre restreint de textes qui les concerne, on ne les voit confiées à des affranchis. Un P. Cornelius Festus est à la fois préfet de la flotte de Sicile et de l'annone, fonctions dont la réunion se comprend à merveille, si du moins on se reporte au temps où la Sicile nourrissait encore le peuple de Rome : l'inscription qui nous le fait connaître est une inscription votive à *Neptunus Servator*, ce qui confirme cette explication (4). Des noms purement romains et des mentions de tribus appartiennent encore à certains commandants de la flotte de Syrie (5), séparée ou non de

(1) Garrucci, 18; Mommsen, *Inscr. regn. Neap.*, 2659 ; Orelli, 3596.
(2) Garrucci, 4 (cf. 19); Mommsen, 2650.
(3) Gruter, CCCLIX, 3; Spreti, II, 28.
(4) Muratori, MCM, LXXXI, 13.

(5)
<pre>
                 SEX · CORNELIO
     SEX · F · ARNensi tribu DEXTRO
     PROC · ASIAE IVRIDICO · ALE
     XANDREAE PROC · NEASPO
     LEOS ET MAVSOLEI PRAEF
     CLASSIS SYR · DONIS MILITA
     RIB · DONATO A DIVO HADRI
     ANO OB BELLVM IVDAICVM
     HASTA PVRA ET VEXILLO
     PRAEF · ALAE I AVG · GEMinae CO
     LONORVM TRIB · LEG · VIII AVG
     PRAEF · COH · V · RAETORVM
     PRAEF · FABRVM III PATRONO
                 COLONIAe
     P · BLAESVS FELIX 7 LEG II TRA
     IANae FORTis ADFINI PIISSIMO
                 OB MERITA
</pre>

(L. Renier, *Inscr. de l'Alg.*, 3518).

la flotte *Augusta*, c'est-à-dire de la flotte d'Alexandrie, impériale par excellence, sans doute parce qu'elle apportait à Rome les blés de l'É-gypte. On connaît aussi, mais en très-petit nombre, des préfets de cette dernière.

L'un d'eux, L. Valerius Proculus, citoyen romain de la tribu Quirina, arrive à ce poste *après* avoir été préfet d'une cohorte d'*auxiliaires* thraces et tribun *légionnaire ;* je dis *après*, car ce dernier titre est supérieur au précédent, et la série de titres civils qui suit les titres militaires montre surabondamment que l'ordre des fonctions est, dans chacune des séries, l'ordre des temps (1). Mais, d'autre part, le Q. Marcus (*sic*, l. Marcius) *Hermogenes* PRAEF CLASSIS AVG IV (l. ALexandrinae) (2) qui a entendu la statue de Memnon crépitant au lever du soleil, n'était assurément pas d'origine romaine. Enfin, vers le milieu du second siècle, un hôte du père d'Hadrien, M. Maenius Agrippa Tusidius Campestris, de la tribu Cornelia, après avoir été, comme Valerius Proculus, préfet d'auxiliaires, tribun légionnaire, puis préfet d'une aile de cavaliers gaulois, et enfin procurateur impérial en Achaïe, devint préfet de la flotte britannique (3), tandis qu'un autre personnage, dont le nom est perdu, fut successivement préfet de cette même flotte et de celle du Danube (ET MOESICAE ET PANNONICAE), procurateur et président des Alpes, sous-préfet d'une flotte prétorienne et tribun légionnaire (4). On voit, en comparant ces textes, qu'un préfet d'une flotte secon-

P · AELIO P · FIL · PALATI
NA (tribu) MARCIANO
PRAEF · COH · I · AVGVSTAE
BRACARVM
PRAEPOSITO Numero¦ILLYRICORVM
TRIB · COH · AELiae · EXPEDITAE
PRAEF · ALae AVG · II THRACVM
PRAEPOSITO ALae GEMINae
Sebastene
PRAEPOSITO CLASSIBus
SYRIACAE ET AVGVSTAE
L · CAESIVS MARCELLVS
VETERanus EX DECurione
ALae II THRACVM

(Ib., 3885 ; cf. 3889, et une inscription en grec barbare au *Bulletin de corresp. archéol.*, 1840.

(1) Henzen. 6928.

(2) Id., 6864 et note ; renvoi à Letronne, *Inscr. gr. et lat. de l'Eg.*, II, p. 373, et au *C. I. G,* 4735.

(3) Orelli, 804. — (4) Id., 3801 ; renvoi à Gruter, CDXCIII, 6.

daire est supérieur à un tribun légionnaire et au sous-préfet d'une
flotte prétorienne. C'est que ces préfets-là exerçaient sur la frontière
un commandement militaire bien effectif.

II. — COMMANDEMENT DES NAVIRES.

Les triérarques, ou commandants des trirèmes (car le nom grec
de ce grade paraît exclusivement employé sous l'empire romain), ne
sont pas mentionnés souvent et sont nommés moins souvent encore
dans les inscriptions. Il en est, en effet, qui désignent seulement en
bloc les triérarques de telle ou telle flotte (1); d'autres se rapportent
à quelqu'un d'entre eux (2), ou bien encore sont son ouvrage (3).
L'origine étrangère de ces personnages est parfois manifeste : l'un
d'eux, de la flotte de Misène, se nomme C. Julius *Heraclida;* un
autre rédige en grec l'épitaphe de sa femme, égyptienne de naissance; un triérarque de la flotte de Ravenne se nommait P. Petro-
nius *Aphrodisius,* et avait pour fils Aelius *Carpophorus.* Mais il est à
remarquer que, d'après leur *gentilicium* et celui de leurs femmes,
on voit qu'ils appartiennent, par leur naissance et leur mariage, à
des familles ayant acquis le droit de cité. Les autres noms sont d'ailleurs bien romains, et l'un de ces officiers était de la tribu *Galeria.*

Quel rang occupaient les triérarques dans la hiérarchie des fonc-
tionnaires impériaux? De trois de ces inscriptions on pourrait induire
des conclusions bien différentes. La première, du temps de Claude,
paraît n'accorder le *droit de cité* romaine et le *connubium* aux triérarques que par l'*honesta missio,* c'est-à-dire à l'âge de la vétérance,
et elle comprend des rameurs dans la même déclaration (4). La
seconde, restituée comme l'ont fait Garrucci et Henzen, nous
enseigne que le rang de décurion et les insignes du grade de
centurion leur furent accordés seulement au second siècle de l'empire, celui-ci par Antonin, celui-là par Marc Aurèle (5). La

(1) Garrucci, 5, cf. 2; Mommsen, *I. N.,* 2654.
(2) Garrucci, 3, 22, 23, 93; Muratori, DCCX, 5, et DCCCXXII; Spreti, III, 16,
69; cf. Mommsen, 2665.
(3) Garrucci, 24, 71.
(4) Garrucci, 5; Vernazza, *Mém. de l'Acad. de Turin,* XXIII; Mommsen, *I. N.*
2650.
(5)   Imp. Caes. M. Aurelio Antonino Aug.
et C. Aurelio Commodo Vero Divi Antonini
Pii Fil. Divi Hadriani Nepotibus Divi Traiani

troisième, au contraire, nomme un triérarque de la flotte de Misène (non encore appelée *prætoria*), qui, appartenant à une tribu romaine, devint *IIII·vir Epulonum*, préfet du trésor militaire, propréteur d'Achaïe, et enfin légat de la X⁰ légion Auguste (1). Mais il faut observer, au sujet du premier de ces textes, que si la *loi* rendue en faveur des vétérans de la flotte de Misène pour cette année s'applique à la fois à des triérarques et à des rameurs, le *diplôme* que nous possédons appartenait à un simple soldat, thrace de naissance (*gregali Spartico... Besso*). Rien ne prouve donc que les avantages de la vétérance fussent les mêmes pour tous. Et, d'autre part, il ne faudrait pas attacher trop d'importance à un fait exceptionnel; savons-nous si *Julius* Priminianus, qui devint propréteur d'Achaïe dans les premiers temps de l'empire, quand la flotte de Ravenne était encore sans épithète, n'était pas fils ou petit-fils d'un affranchi de l'empereur Auguste? En général, du reste, la fonction de triérarque ou de navarque était le suprême honneur auquel pût aspirer un marin; s'il veut arriver plus haut, il passe dans un autre service que celui de la marine, ce qui ne veut pas dire qu'un triérarque ne puisse jamais réunir plusieurs galères sous son commandement (2).

Abnepotibus] DIVI NERVAE ADNEPOTIBus
Trierarchi et nav]ARCHI CLASSIS PRAETOR·MISEN
Quod ad ornam ce]NTVRIONATVS QVIBVS DIVVS PIVS
Ipsos honor]AVERAT ADIECTO TERTIO ORDINE
Optimum princi]PEM AEQVAVERINT   (Garrucci, 2; Henzen, 6874).

(1) Muratori, DCCX, 5. Dans ce texte il faut manifestement lire PROPRAET et non PROPRAEF (l. c.). L'ordre est inverse; d'où il résulte que le grade de *Triérarque* était inférieur à celui de *Navarque* et supérieur à celui de *prince* d'une flotte. Mais on lit dans une autre inscription :

D·M

PETRONI APHRODISI.....
EXTRIERARCHIS NAVARC[HIS]
ET PRINCIPE (*sic*) CL·PR·RAVEN
ET GAVIAE GORGONIAE EIVS [VXORI]
AELIVS CARPOPHORVS
PARENTIBVS·

(Spreti, III, 69; Gruter, MXXXI, 8; Orelli, 3615.) Il est à croire que le navarque était au-dessus du triérarque quand il commandait un navire supérieur à une trirème, et au-dessous dans le cas contraire.

(2) V. Tac., *Hist.*, II, 16; au temps de Végèce (V, 2) un navarque était attaché à

a Dans Garrucci : *eos antea don*]. Quant au *tertius ordo*, il n'est point connu d'ailleurs, mais Henzen (*Bull. de l'Inst. archéol.*) entend par là le rang de décurion, à l'exemple de M. Giorgi.

b Ou *Ex Trierarcho, Navarcho*, selon Gori (III, p. 91).

Nous connaissons, mais en très-petit nombre, des commandants de navires appartenant à des flottes secondaires. Ce sont : C. Julius Hilarus (*sic*), triérarque d'une liburne dans la flotte de Syrie (1) ; Valerius Silvanus, triérarque probablement sur la même flotte, puisque l'inscription qui nous le fait connaître a été trouvée en Algérie, contrée que cette escadre paraît avoir fréquentée (2), et Q. Arzenius Verecundus, de la flotte britannique (3). Tous ces noms semblent romains ; mais il faut reconnaître que la veuve (4) de Silvanus, Cella Monnata Copulma, portait un nom bien peu latin et qu'elle ignorait outrageusement la langue latine (*superstifen rogus ejus*, pour *superstes rogo ejus*) ; si l'on détache *Mon* de *nata*, de manière à former l'incise « née à Copulma » (nom de quelque bourg africain), le nom propre *Mon* aurait une forme non moins barbare. Mais, après le règne des empereurs africains et syriens, était-il encore question des difficultés du *jus connubii* entre deux familles sujettes de l'empire ?

III. — SOUS-OFFICIERS.

Nous n'aurons guère à nous arrêter sur la nationalité des officiers-mariniers, correspondant pour le grade, et quelquefois pour le titre, aux sous-officiers de l'armée de terre. Le cosmopolitisme du recrutement de la marine romaine au temps de l'empire, attesté, sans distinction de siècle et spécialement pour les flottes prétoriennes, par des centaines d'inscriptions, devait inévitablement s'étendre aux fonctions de cet ordre, et les noms le témoignent assez ; mais, sauf de très-rares exceptions, le gentilicium indique la collation de la cité romaine à la famille du sous-officier et même du matelot. Notons, une fois pour toutes, qu'il n'est jamais question de passage dans l'armée de terre, pas plus pour les officiers-mariniers que pour les matelots, à une seule exception près (5). A ce degré, les carrières sont parfai-

---

chaque liburne pour former les pilotes, rameurs et soldats. M. Victor Guérin (*Voy. en Tunisie*, II, p. 248) donne un texte épigraphique où un personnage est dit : PRaefectus ET NAVarchus SECVNDO.

(1) Orelli, 3604.

(2) L. Renier, *Inscr. de l'Algérie*, 3939. Cf. 3518, 3885, 3889, 3941.

(3) Orelli, 3603.

(4) Ob | memoriam | mariti | sui | Val. | Silvani | Triirarchi (*sic*).

(5)   Dis Manibus
          T · FLavio ANTONINO
       Primo Pilo LEGionis I ADIVTRicis

tement séparées; il n'est pas d'ailleurs question de corps distincts pour les citoyens et pour les provinciaux, comme l'étaient les légions d'une part et les cohortes auxiliaires de l'autre. Il est vrai, dans des cas très-rare, un navarque, un triérarque ou un préfet, susceptible par son grade de devenir officier d'une légion, est dit avoir appartenu aux grades inférieurs de la marine (1). Mais, en général, ceux qui les remplissaient n'avaient point l'espérance de commander jamais un vaisseau.

Les *gubernatores* étaient des timoniers, ou, si l'on veut, des pilotes, mais dans le sens classique du mot, et non dans le sens technique des temps modernes, puisque chacun d'eux était attaché à un navire spécial (2); une particularité assez curieuse, c'est que, dans le très-petit nombre de cas où la patrie d'un *gubernator* est indiquée, cette patrie est toujours l'Afrique, c'est-à-dire l'ancien territoire de Carthage; mais les noms sont exclusivement romains (3); dans les autres inscriptions de cette classe, tantôt il en est de même, tantôt on y voit figurer un élément grec.

Pollux nous apprend, dit le P. Garrucci (4), que le *gubernator* obéissait au *navarque*, et le *naophylax* au *proreta*. En confirmant une fois de plus, pour le temps où écrivait Pollux, ce fait que le navarque commandait un navire et non une escadre, ce texte montre clairement que le proreta (maître du gaillard d'avant) était un sous-officier d'un rang assez élevé, et que ses fonctions avaient une certaine analogie avec celles du pilote. Selon toute apparence, il était chargé de signaler l'approche des côtes ou des écueils, probable-

EX Numero PRINCipum CLassis...
QVI VIXit ANNis LXX
FILI PATRI Bene Merenti   (Garrucci, 32; Henzen, 6875).

(1) Voy. Muratori, DCCX, 5, et Spreti, III, 69.

(2) Voy. Garrucci, 35, 186, 228, 230; Spreti, I, 230; Muratori, DCCCLII.

(3) Voy. Garrucci, 36 (Orelli, 3635), 38. Voici le n° 38 avec l'orthographe originale :

D · M
G · POMPONI FELICIS
NATIONE AFER VIXSIT
ANNIS XXXX MESIBVS VIII
DIEBVS V MILITABIT ANnis
XXIII MEsibus VIII GYBERNator
CLassis PRaetoriae Misenensis
IVLIA MARCIANE CONiux
BEne Merenti Fecit.

(4) *Ad inscr.*, 34.

ment par des sondages, car la fonction de vigie semble appartenir
plutôt au naophylax, d'après l'étymologie de son titre. On voit, d'ailleurs, que les fonctions de naophylax n'exigeaient pas une bien
longue expérience, par l'épitaphe de l'un d'eux, mort à *l'âge de
21 ans* (1). Les noms de ces hommes sont tantôt romains, tantôt
étrangers à l'Italie, dont leur lieu de naissance est quelquefois bien
éloigné (2); on en trouve sur des navires de force diverse. Quant
aux proretae, trois seulement (3) sont connus par des inscriptions;
deux portent des noms romains; mais le troisième est un Alexan-
drin, bien égyptien de naissance d'après son nom, Horus, et celui
de son père, Pa-Bek.

Les *armorum custodes* ou *armicustodes*, dont le titre rappelle les
capitaines d'armes de la marine moderne, étaient probablement
chargés du dépôt des armes que l'on distribuait le jour du combat,
mais qu'il eût été dangereux de laisser à la portée des rameurs, dont
beaucoup pouvaient être des esclaves. Les noms des Armorum custodes sont souvent romains; mais il en est un certain nombre dont
la patrie est désignée et lointaine (4); on connaît un Armorum cus-
tos mort à 18 ans (5). Quant aux *principes* dont nous avons parlé
déjà, il est possible qu'ils aient commandé des troupes de marine
(*classici milites*) plutôt que des matelots proprement dits, aussi bien
que le *nonagenarius* de la flotte de Misène et l'*octogenarius* d'une
liburne, que mentionnent des inscriptions (6). Quant aux titres divers qui concernent les employés du commissariat de la marine
(*scribae, librarii, tabularii*), des recherches analogues ne présente-

(1) Spreti, III, 138; Murat., MMXXXVII, 6.
Voici une inscription qui mentionne deux naophylaces :

<pre>
                    D · M
          Q · SERVILI · IASO
          NIS NAVFylax IIII VESTAe
          NATIone CILIX · MIL · ANN · XII
          C · IVLius IANVARius NAVFylax III PARTHIC
          TVTOR AVREL IASONIS FIL · II · ET HIREDIS (sic)
          kIVS Bene Merentes Fecerunt
                              (Garrucci, 242).
</pre>

Quadriremis Vestæ; tous les navires avaient un nom, souvent mythologique
ou géographique, suivant un usage encore subsistant aujourd'hui.
(2) Mommsen, *I. N.*, 2703; Spreti, I, 219, 226 (Orelli, 3593).
(3) Henzen, 6893 (Garrucci, 148), 6894; Mommsen, *I. N.*, 2805.
(4) Garrucci, 125 (Mommsen, *I. N.*, 2677), 126 (*I. N.*, 2682), 237 (*I. N.*, 2735);
Mommsen, *I. N.*, 2683; Henzen, 6876; Spreti, I, 14, cf. 46.
(5) C'est le 4ᵉ de cette liste.
(6) V. Garrucci, 31, 238 (Orelli, 3628 9).

raient pas le même intérêt; il n'y a pas lieu de se rendre compte de leur origine dans l'étude du recrutement des forces maritimes; jamais les Romains n'ont considéré leur honneur comme engagé à ne pas emprunter la plume de leurs sujets.

IV. — MATELOTS OU SOLDATS DE MARINE. — AGE ET DURÉE DU SERVICE.

Quant aux hommes d'équipage, les documents épigraphiques sont fort nombreux, et, quoique très-peu variés dans la forme, ils sont loin d'être sans intérêt. Ils fournissent, en effet, des renseignements que l'on ne trouverait pas ailleurs, au sujet du recrutement aussi bien que de la durée du service et de la condition des matelots.

Observons d'abord que le mot de rameurs (*remiges*) ne se trouve pas une seule fois dans les inscriptions funéraires. On pourrait supposer qu'appartenant à la condition servile, ces hommes n'avaient droit ni à recevoir les honneurs funèbres ni à les rendre aux membres de leurs familles, et même n'avaient aux yeux de la loi romaine ni familles ni héritiers. Mais cette explication, qui peut être vraie pour beaucoup d'entre eux, ne doit pas être posée comme règle générale : le diplôme de Claude, cité plus haut, porte expressément qu'une loi de congé est rendue en faveur des *triérarques* et des *rameurs* de la flotte de Misène; il semble ainsi faire entendre que le mot *remiges* désigne tous les hommes d'équipage; il prouve, dans tous les cas, que la classe des rameurs n'était pas exclue en masse de l'*honesta missio*, conférant le droit de cité romaine, et cela sans qu'il soit dit un mot d'affranchissement. C'est aussi le nom de rameurs (ἐρέται) que Plutarque et Dion (1) donnent aux marins élevés par l'empereur Néron à la condition de légionnaires, et qui formèrent la première légion *Italica*. Ce qui est vrai, pourtant, c'est que la qualification de *remiges* éveillait l'idée d'une condition infime. Aussi, profitant de ce qu'on appliquait en général au service de la marine le terme de *militare*, les rameurs de condition libre prenaient sans doute en toute occasion le titre de *milites*, qui est donné aux marins dans nos textes.

La durée de la vie du défunt et celle de ses années de service étant énoncés dans un grand nombre d'inscriptions funéraires, on peut, en les relevant, se faire une idée de l'âge ordinaire de l'entrée

(1) Voy. Garrucci, *Monum. cl. Misen. præf.*, p. 11.

au service. Il n'est pas uniforme, mais la moyenne est facile à dé-
terminer, et rarement on s'en éloigne beaucoup.

Gubernatores, entrés au service à 17 ans; demeurés au service durant 23 ans.

```
                                   26                                      6
                                   19                                     26
                                   24                                     26 (1)
Naophylaces.....................  21 (ou 22) ..................,.........  22
                                   20                                     25
                                   19                                     25 (2)
Armorum custodes............      20  ...........................         23
                                   19?                                    16?
                                   30                                     23 (3)
```

Nous voyons, par le texte des diplômes d'*honesta missio*, que l'on
exigeait pour la vétérance dans la marine au moins 26 ans de service sous Vespasien, Domitien, Hadrien, Antonin le Pieux (4), et
28 sous Philippe et sous Décius (5). Pour les simples marins, le
tableau correspondant à celui-ci serait trop long à exposer; disons
seulement que, dans la flotte de Misène, nous trouvons, avec un petit
nombre d'hommes entrés au service comme mousses de neuf à
quinze ans, 19 marins de 16 à 18 ans, 42 ou 43 de 19 à 23 ans,
une vingtaine de 24 à 30 ans, et 3 ou 4 seulement à un âge plus
avancé (6). Dans la flotte de Ravenne, les exemples sont beaucoup

(1) Garrucci, 36, 186, 228; Muratori, DCCCLII.
(2) Garrucci, 209; Mommsen, *I. N.*, 2703-4.
(3) Spreti, I, 14, 216; Garrucci, 238.
(4) Garrucci, 6, 7, 8; Marini, *Atti e monum. di fr. Arvali*, ad tav. XXXV.
(5) Gruter, DLXXV (et Marini, ibid.).
(6) Voici deux exemples (Garrucci, 239, 244) des textes d'où ces conséquences sont
aciles à tirer :

```
          DIIS MANIBVS
          L · VALERIO · MAR
          TIALI · MILITI EX
          CLASSE PRaetoria MISENEnsi
          EX IIII VESTA NATIO
          NE BESSVS MILitavit AN
          NIS IIX VIXit ANnis XXX
          FECIT M · VALERIVS
          ASTER FRATRI BENE
              MERENTI

          M · ANTONIVS RVFINVS
          MILES EX V̄ VICTORIA SIBI
          ET L · IVLIO APOLLINARI FRATRI
          MILITI EX IIII DIANA VIXIT
          ANNIS XXXVIII MILitavit ANNis XIIX
          ET LIBERTIS LIBERTABVS POSTE
             .. RISQVE EORVM ·
```

moins nombreux et les extrêmes fort distants; cependant les années
20, 21 et 23, pour l'entrée au service, forment entre elles à peu près
la moitié du total. Quant à la durée, il est clair qu'elle était souvent
interrompue par la mort; mais, pour les sous-officiers, les termes
les plus ordinaires sont 23, 25 et 26 ans. Pour les simples marins,
les 26 ans sont atteints six fois dans les textes relatifs à la flotte de
Misène, quatre fois dans ceux de la flotte de Ravenne; et dans la
première, nous avons six exemples de 27 ans de service, deux de
28, quatre de 29, quatre de 30, un de 32 et un de 37.

Touchant la patrie des marins, on ne peut, sans doute, acquérir
que des notions bien vagues, puisqu'on ne possède aucune donnée
générale à cet égard, et que les textes épigraphiques, quelque mul-
tipliés qu'ils soient, ne représentent qu'une fraction imperceptible
du nombre des hommes employés dans chaque siècle au service de
la marine. Néanmoins, on peut acquérir la certitude que chacune
des flottes prétoriennes ne se recrutait pas exclusivement dans les
contrées maritimes que Végèce (V, 1) assigne à son parcours; et
l'on peut remarquer que, pour celle de Misène, la Sardaigne,
l'Égypte, la Syrie ou la Phénicie, la Cilicie, le pays des Besses et la
Pannonie figurent aux premiers rangs.

Ce qu'il serait plus curieux de connaître, c'est le mode même du
recrutement. Le système des classes existait-il pour les marins de
profession? Y avait-il levée, à la façon du recrutement militaire? La
marine impériale était-elle formée uniquement par engagements
volontaires? L'histoire ne le dit nulle part; mais le premier système paraît exclu par la longueur même du temps de *service*, et le
troisième eût été peu assuré, puisque le service de la marine était si
peu considéré au temps de l'empire, même pour ceux qui portaient
des armes sur les vaisseaux (1). Selon toute apparence donc, le recrutement maritime s'opérait par levées, et l'on choisissait, dans les
populations des côtes, les hommes qui, astreints au service militaire, devaient le remplir sur les vaisseaux.

(1) Tac., *Hist.*, I, 87.

Paris. — Imprimerie Pillet fils aîné, rue des Grands-Augustins, 5.